R. F. A°: 09-447

Res:

4° NFG

64

Acq. Res: 09- 447

LIBERTÉ ET INDÉPENDANCE.

ROYAUME D'HAYTI.

PROCÈS VERBAL

Des Séances du Conseil général de la Nation.

CE JOURD'HUI, vingt-unième du mois d'Octobre, mil huit cent quatorze, l'an onzième de l'indépendance d'Hayti, et la quatrième du règne de Sa Majesté.

Les grands Dignitaires, les Officiers civils, administratifs et militaires du royaume, extraordinairement convoqués en conseil général de la Nation, en vertu d'ordre de Sa Majesté, au palais du Conseil à Sans-Souci, à l'effet de prendre connaissance des pièces qu'il plairait au Roi, notre très-auguste et très-gracieux, Souverain de mettre à leur délibération.

Lesdits officiers, en grande tenue, ont été introduits et placés selon leurs rangs, par M. le baron de Sicard, grand maître des cérémonies.

Sa Majesté, notre très-auguste et très-gracieux Souverain, est apparue ayant à sa gauche S. A. R. Monseigneur le Prince Royal, et précédée des grands officiers de la couronne.

Les acclamations de *Vive le Roi ! Vive le Prince Royal !* se sont fait entendre.

Sa Majesté s'étant placée sur son trône, a prononcé le discours suivant :

« HAYTIENS !

» Nous vous avons fait assembler et convoquer en Conseil général de la Nation, pour vous donner connaissance des Lettres et Papiers que nous avons reçu du général français Dauxion Lavaysse, envoyé de Sa Majesté LOUIS XVIII.

» Haytiens ! méditez ces écrits avec calme et sagesse, tel qu'il convient à des hommes libres, qui ont conquis leur indépendance au prix de

A

(1)

leur sang. Méditez-les tel qu'il convient enfin à des mandataires qui représentent la nation, et qui, en cette qualité, ont à prononcer sur leur sort et les intérêts les plus chers de leurs concitoyens » !

S. E. M' le comte de Limonade, Secrétaire d'état, Ministre des affaires étrangères, a donné lecture des pièces ci-après :

Lettre du général Dauxion Lavaysse, datée de Kingston le 1er Octobre 1814, portant pour suscription : *A S. E. le général HENRY CHRISTOPHE, Chef suprême du Gouvernement du Nord de Hayti*, ainsi conçue :

« *GÉNÉRAL,*

» *Vous êtes informé de la mission importante dont j'ai eu*
» *l'honneur d'être chargé auprès de V. E., et en arrivant ici mon*
» *intention était de m'adresser simultanément à V. E. et au*
» *général Pétion ; car je ne suis pas venu, vous ne l'ignorez pas,*
» *comme messager de discorde, mais comme le précurseur de la*
» *paix et de la réconciliation.*

» *Peu de jours après mon arrivée ici, je payai le tribut au*
» *climat, ainsi que mon compagnon de voyage M. Draveman, et*
» *je n'ai trouvé ici qu'un seul homme en qui j'aye pu placer ma*
» *confiance, pour m'aider de sa plume comme secrétaire.*

» *Cependant j'ai communiqué avec des personnes estimables*
» *qu'on m'assure avoir votre confiance, et qui m'ont confirmé ce que*
» *la renommée m'avait déjà appris de vous.*

» *Mais avant d'avoir l'honneur de communiquer directement*
» *avec Votre Excellence, j'ai dû prendre les renseignemens les*
» *plus certains sur vous et sur tout ce qu'il importe au succès de*
» *ma mission de connaître ; et je confesse, avec plaisir, à V. E.,*
» *que tout ce que je sais aujourd'hui, a beaucoup ajouté à mes*
» *espérances, et m'encourage à vous parler avec la franchise d'un*
» *soldat, et avec l'intérêt que ne peuvent se refuser ceux qui ont*
» *suivi la carrière militaire.*

» *Le Roi vertueux qui est enfin rendu à la France, ce Roi,*
» *également admirable par la fermeté et la bonté de son caractère,*
» *par l'étendue de ses lumières, et par le mépris qu'il professe pour*

» tout préjugé illibéral, Louis XVIII a gémi plus que personne
» des mesures atroces qui furent employées contre le général
» Toussaint à la paix de 1802. Ce chef, loyal et éclairé, avait,
» avec la presque totalité des habitans d'Hayti, pris les armes en
» faveur de la cause royale. Il l'avait soutenue plusieurs années
» avec énergie, et il avait rétabli l'ordre et les cultures à Hayti,
» au point le plus étonnant. Mais lorsque l'Europe entière fut
» courbée sous le joug de Bonaparte, il sentit qu'il fallait se sou-
» mettre à cet usurpateur reconnu. Aucun des actes du général
» Toussaint n'avait annoncé l'indépendance, cependant Bona-
» parte, soit pour sacrifier une partie des troupes [1] immenses
» qui l'embarrassaient à la paix, soit pour s'approprier des trésors
» imaginaires, envoya une armée à Saint-Domingue lorsqu'il ne
» devait y envoyer que des récompenses.

» L'effet de cette barbare expédition fut une seconde destruction
» de la colonie et la perte du général Toussaint.

» Le Roi regarderait cette perte irréparable, si Votre Excellence
» n'avait pas succédé à la puissance de cet homme célèbre : et con-
» vaincu que vous êtes parfaitement instruit de vos véritables
» intérêts ; et de tout ce qui s'est passé en Europe ; certain que le
» bonheur de votre pays, le vôtre propre, celui de votre famille, et
» de vos amis, servira de règle à votre conduite, il n'a pas douté que
» vous n'agissiez avec lui comme Toussaint eût agi s'il eût vécu.

» Je viens donc, Général, par les ordres de cet auguste Sou-
» verain, vous porter des paroles de satisfaction et de paix. Et
» lorsque du haut du trône le plus brillant de l'Europe il commande
» à une armée de cinq cents mille hommes, il m'envoye seul traiter
» avec vous de vos intérêts.

» Nous ne sommes plus au temps de Bonaparte; tous les souve-
» rains de l'Europe s'étaient ligués pour faire tomber l'usurpateur,
» tous restent réunis, pour assurer la tranquillité de toutes les

---

» [1] Presque toutes ces troupes avaient servi sous Moreau, à qui elles restaient
» fort attachées ; mais les Généraux étaient pour la plupart du parti de Bonaparte.

» parties du monde. Dans ce moment vous voyez l'Angleterre punir,
» à 1500 lieues d'elle, les Etats-Unis de l'Amérique, qui avaient
» osé prêter leur appui à l'ennemi de l'ordre et du repos du monde :
» déjà la capitale de ce nouvel empire a été livrée aux flammes ;
» déjà son chef est en fuite ; ce ne sera que lorsque ces mêmes
» Etats-Unis professeront les principes des souverains de l'Europe,
» que l'Angleterre cessera de les écraser du poids de ses vengeances
» terribles : ainsi tant qu'il y aura un point de l'univers où l'ordre
» ne sera pas rétabli, les souverains alliés ne poseront pas les armes ;
» ils resteront liés pour achever leur grand ouvrage.

» Si vous doutez de cette vérité, Général, que Votre Excellence
» fasse consulter par ses agens, les dispositions de l'Angleterre,
» jadis l'ennemie de la France, aujourd'hui son plus fidèle allié ;
» et ils vous attesteront ce que je viens de vous dire.

» Général, si Bonaparte, avec une grande partie des forces de
» la France, a succombé sous la masse des forces des alliés ; qui
» peut aujourd'hui résister à la France unie à l'Europe entière ; à
» la France devenue l'alliée de l'Angleterre ? Et qui doute que
» Bonaparte n'eût rapidement consommé l'œuvre infernale de
» destruction qu'il avait commencé en 1802, si en 1803, l'Angle-
» terre n'eût pas déclaré la guerre à la France, et rompu ainsi, par
» ses immenses flottes, la communication entre la France et
» Saint-Domingue ?

» Tout a été prévu dans le traité de paix entre les souverains
» de l'Europe. Ne connaissant pas la sagesse et les principes de
» Votre Excellence, on a supposé que vous pourriez hésiter dans
» la conduite que vous devez suivre, et on est convenu que pour
» remplacer la population d'Hayti, qui, dans ce cas, serait tota-
» lement anéantie par les masses de forces qu'elle attirerait contre
» elle, il fallait que pendant plusieurs années, la France continuât
» le commerce de la traite des africains, dans le double but de
» remplacer les bras attachés à la culture, et d'en former des
» soldats, à l'imitation des anglais.

» Il

» *Il est sans doute inutile d'entrer dans des détails avec un*
» *homme d'un esprit aussi supérieur que Votre Excellence, mais*
» *il convient, peut-être, que ces grandes considérations soient*
» *présentées aux personnes que Votre Excellence honore de sa*
» *confiance.*

» *Si l'alliance des puissances de l'Europe a eu pour but le réta-*
» *blissement de l'ordre et la chute de l'usurpateur qui le troublait*
» *sans cesse, les augustes monarques qui composent cette alliance,*
» *n'ont pas montré pour cela moins d'estime aux dignes supports*
» *de la gloire et de l'indépendance de la France; à ces illustres*
» *militaires qui, pendant 25 ans de calamités, n'ont jamais*
» *déserté le poste du péril, et ont sauvé à leur patrie, et les hor-*
» *reurs de la guerre civile, et l'humiliation du démembrement de*
» *la France. Le Roi le plus généreux et le plus sage du monde,*
» *le vertueux Louis XVIII, a plus vivement senti qu'aucun de ses*
» *grands alliés les titres qu'avaient ces braves, à la munificence*
» *royale, comme à la gratitude publique; ils sont aujourd'hui*
» *comblés d'honneurs, ils jouissent des fortunes immenses, et ils*
» *bénissent les événemens qui ont donné à leur superbe existence,*
» *la stabilité que ne pouvait leur donner un usurpateur.*

» *Suivez leur exemple, Général, proclamez Louis XVIII à*
» *Hayti, comme ils l'ont proclamé en France, et non-seulement*
» *des honneurs et des récompenses vous seront présentées; mais*
» *ceux que vous désignerez, recevront des marques de la satis-*
» *faction de notre souverain, et de la reconnaissance de notre*
» *patrie; et l'empire des préjugés qui est détruit avec l'ancien*
» *régime, ne mettra aucun obstacle, à ce que les récompenses*
» *soient égalées à la grandeur des services rendus au Roi.*

» *Sans doute si Bonaparte vous adressait du haut du trône de la*
» *France, les paroles que je vous porte, je vous plaindrais de vous*
» *y livrer. Ses succès en politique étaient dus à l'art de tromper, sa*
» *perfidie égalait la puissance de ses armes, et le général Toussaint*
» *n'est pas le seul qui en ait fait la fatale et cruelle expérience;*

B

» mais le Roi légitime de la France, l'auguste successeur de tant
» de souverains illustres, le descendant de St-Louis et d'Henry IV,
» n'a sans doute pas besoin des moyens vils d'un usurpateur, sa
» parole royale est sacrée autant que sa race est antique et véné-
» rable, et tel que l'un de ses magnanimes ancêtres, Louis XVIII
» a dit : que si la bonne foi était bannie de la terre, elle devait se
» retrouver dans le cœur des Rois.

» Ainsi donc ce qu'il vous promettra, Général, sera certain et
» sera stable ; vous ne pouvez en douter.

» Mais je sens qu'il est peut-être parmi vos généraux des per-
» sonnes qui craignent que les chefs envoyés par le roi, oubliant
» les instructions qu'ils en auront reçu, et se laissant influencer
» par les créoles et les émigrés, ne rétablissent peu à peu le régime
» des préjugés. Mais croyez-moi, Général, le règne des préjugés est
» terminé pour jamais. Il ne revivra pas plus dans les colonies
» françaises, qu'en France, et qui peut croire qu'il existe encore
» dans ce dernier pays ? lorsqu'à côté des Montmorency, des Rohan,
» des Périgord, etc. sont assis les Soult, les Suchet, les Dessoles,
» etc. lorsque des hommes d'origine si différentes, mais également
» illustre les uns, par leurs hauts faits, les autres par ceux de
» leurs ancêtres, siégent en conséquence égaux dans la chambre
» des Pairs, et partagent également les grandes dignités de l'état ?
» Le Roi qui veut que le bien se prenne partout où il peut se trouver,
» agira, n'en doutez pas, comme les Monarques d'Espagne et de
» Portugal, qui, par des lettres de blanc, donnent à un individu
» de quelle couleur, qu'il soit l'état d'un individu blanc. Sa puis-
» sance royale qui a égalé les Ney, les Soult, les Suchet, les
» Dessoles, etc. aux Montmorency, aux Rohan, etc. par un acte
» de munificence et d'équité auquel toute la France a applaudi,
» peut également rendre un homme noir ou jaune, semblable
» devant le trône et la loi, et dans les habitudes sociales, à
» l'homme le plus blond de la Picardie.

» Vous ne nous forcerez pas, Général, à changer en soldats les
» nègres que l'on traite dans ce moment à la côte d'Afrique ; vous

» ne nous forcerez pas à user de tous les moyens de destructions pos-
» sibles ; vous ne vous exposerez pas à voir déserter vos bataillons,
» qui seront bientôt informés que la discipline française, qui est la
» plus parfaite de l'univers, n'exige pas la sévérité excessive que
» vous avez si souvent exercée; nous connaissons tous vos moyens
» de défenses ; quand je dis vous, je veux dire les personnes qui
» sont sous vos ordres.

» Car je vous crois la tête trop saine, un esprit trop éclairé et
» trop noble, pour ne pas être satisfait de devenir un grand seigneur
» et un officier général, sous cette antique dynastie des Bourbons,
» que la providence semble se plaire, en dépit de tous les calculs
» humains, à vouloir perpétuer sur le trône de notre chère France ;
» vous préférerez devenir un illustre serviteur du grand souverain des
» français, au sort plus que précaire de chef d'esclaves révoltés. Et
» s'il fallait des exemples pour vous engager à l'imitation, voyez les
» généraux Murat et Bernadotte, Chefs ou Rois, depuis plusieurs
» années, des nations qu'ils ont illustrées par les armes, descen-
» dant noblement des trônes sur lesquels les avaient élevés les suites
» de la révolution française. Voyez-les, dis-je, descendant noble-
» ment et volontairement de ces trônes, pour devenir de grands et
» d'illustres seigneurs, et préférer des honneurs légitimes et dura-
» bles, pour eux et leur postérité, au titre odieux et précaire
» d'usurpateur.

» Car ne vous faites pas illusion, Général, les souverains de l'Eu-
» rope, quoiqu'ils aient fait la paix, ils n'ont pas encore remis l'épée
» dans le fourreau ; et sans doute, vous n'ignorez pas ce que tout
» le monde sait en Europe, quoique la chose ne soit pas encore
» diplomatiquement publique, que le principal article du pacte que
» viennent de signer tous les souverains européens, sur leur honneur
» royal, est d'unir leurs armes, s'il en est besoin, et de se donner
» tous les secours nécessaires pour détruire tous les gouvernemens
» qui se sont formés par suite de la révolution française, soit en
» Europe, soit dans le nouveau monde. N'ignorez pas que c'est la
» Grande-Bretagne qui est le centre et la principale partie, dans

» cette convention", à laquelle il faudra quelques mois plutôt ou
» plus tard, que tout gouvernement se soumette; et que tout gou-
» vernement ou chefs qui ne se soumettront pas, seront traités
» comme des traîtres et des brigands : tandis que ceux qui, volon-
» tairement et de bonne grâce, seront assez raisonnables, et assez
» honnêtes gens pour adhérer à ce principe, en contribuant à faire
» rentrer les peuples qu'ils gouvernent sous l'obéissance des sou-
» verains légitimes, obtiendront, de ces souverains, une existence
» et des établissemens aussi honorables que durables.

» La dernière considération que je présenterai à Votre Excel-
» lence, c'est la moralité et la loyauté qui caractérisent le Ministre
» actuel de la Marine. Tout le monde sait qu'au temps de l'As-
» semblée constituante, où il fut constamment l'un des plus zélés
» défenseurs de la cause du Roi, il insista sur la nécessité et la
» justice d'améliorer le sort des noirs et des hommes de couleur.
» Prononcer le nom de Malouet, c'est rappeler l'idée des plus
» hautes vertus et de la bonne foi la plus inflexible. Tout ce qui
» sera promis par un tel homme, sera aussi sacré et aussi certain,
» que si c'était (je demande pardon de l'expression) la Divinité
» même qui vous le promettait.

» Veuilllez agréer, Général, les sentimens de haute considé-
» ration avec lesquels j'ai l'honneur d'être,

» DE VOTRE EXCELLENCE,

» Le très-humble et très-obéissant Serviteur,

» Signé le général DAUXION LAVAYSSE.

» P. S. Le colonel Médina, qui est associé à ma mission, doit
» se rendre auprès de Votre Excellence, dont il mérite toute la
» confiance.
» Pour preuve de la loyauté avec laquelle j'agis, je joins ici la
» copie de la lettre que j'ai adressée au général Pétion : A peine
» l'avais-je écrite que je tombai malade, ce qui m'empêcha d'avoir
» l'honneur d'écrire à Votre Excellence dans le même moment ».

Copie de la Lettre du général DAUXION LAVAYSSE au général PETION.

« Kingston, Jamaïque, 6 Septembre 1814.

« GÉNÉRAL,

» Une des personnes qui ont la confiance de Votre Excellence, et avec laquelle le général Hodgson eut la bonté de m'aboucher à Curaçao, vous a sans doute rendu compte du but de ma mission, ainsi que des intentions paternelles et libérales de notre roi bien-aimé Louis XVIII.

» Vous êtes trop éclairé, Général, et sans doute assez dépassionné, pour ne pas concevoir et sentir toute la différence qui existe, entre l'ordre de chose établi, à la restauration de Louis XVIII, et ce qu'on appele l'ancien régime, ainsi que le gouvernement despotique et arbitraire que Bonaparte avait essayé d'établir en France.

» Tromper pour asservir, était devenu depuis dix ans, le grand secret, et le principal mobile de la politique du perfide et haineux usurpateur. Exécré du monde entier, abandonné des compagnons de sa gloire militaire, le sort de cet Energumène sera, il faut l'espérer, une leçon pour tous ceux qui exercent un pouvoir illégitime et précaire ont cependant la tête saine.

» Il n'est pas besoin de grandes connaissances en droit public pour apercevoir la différence qui existe entre la forme constitutionnelle, du gouvernement de France actuel, et celui qui existait avant 1789.

» Ce n'est pas ce que les émigrés et les républicains appelaient une contre révolution, il y a quelques années, qui a replacé les Bourbons sur le trône de France. Les Rois de l'Europe n'ont point fait la guerre au peuple français, leurs armées n'ont point fait la conquête de la France. Le généreux Alexandre et ses alliés venus en France pour se venger d'un tyran en délire, ont été le point de ralliement des français, las depuis long-temps du plus extravagant et du plus sanguinaire despotisme.

C

» C'est auprès d'Alexandre que se sont ralliés les hommes énergiques, sages et habiles qui ont joué les premiers rôles durant notre révolution. Ce sont les Talleyrand - Bénévent , les Dessoles , les Dupont , les Marmont, les Ney, les Bournonville, etc. etc. qui, après avoir travaillé pendant plus de vingt ans durant les diverses variations de notre révolution, à l'œuvre de la liberté et de l'indépendance de la France , ont été les agens de notre patrie pour réédifier la monarchie française sur les bases d'une constitution libre et représentative ; et cette constitution, c'est Louis XVIII qui en est l'auteur et le rédacteur principal ; combien cette circonstance, Général, ne doit-elle pas rendre le nom de son royal auteur précieux à tous les vrais amis de la liberté ! De quelle heureuse augure ne doit-elle pas être pour nos frères de l'île d'Hayti !

» Oui, Général, c'est un roi philosophe, un nouveau Marc-Aurèle, un nouvel Henry IV qui est assis sur le trône de France ; croyez-m'en, je ne parle pas le langage de la flatterie , mais celui de la vérité , celui de mes compatriotes.

» Pour bien vous fixer sur l'esprit qui règne aujourd'hui en France, jetez les yeux sur la liste de la chambre des pairs, et des principales autorités de l'Etat. Là vous verrez ces antiques colonnes corinthiennes de la monarchie française, les Montmorencys, les Rohan, les Périgords, les La Rochefoucaut , etc. mêlées à ces colonnes héroïques d'ordre moderne, les Neys, les Suchet , les Marmont, les Bournonville, les Malouet, les Dessoles , les Dupont, etc. les défenseurs de la gloire et de l'indépendance de notre chère France.

» Vous verrez tous ces hommes qui par leurs talens, leur génie, leur vaillance et leurs vertus , se sont illustrés pendant les orages et les grandes scènes de notre révolution ; vous les verrez , dis-je , dignement placés entre le Roi et le peuple , également soutiens de la Majesté et de la puissance de la couronne, des droits de la nation, et de la liberté publique.

» Lisez la charte constitutionnelle et les actes du gouvernement actuel, et vous verrez qu'au mépris des criailleries et des absurdités des partisans aveugles ou intéressés de l'ancien régime , tout ce que la révolution a produit de bien, de principes libéraux compatibles avec nos habitudes monarchiques a été religieusement conservé.

» Réfléchissez bien sur ces choses, et dites vous je vous en prie, Général, « Louis XVIII est un Roi philosophe, qui fut avant, et au commencement de la révolution, un des plus zélés défenseurs de la liberté publique : les grands magistrats, les généraux qui l'entourent, sont presque tous les enfans de la révolution, conséquemment les ennemis des anciens abus et des anciens préjugés.... Ces hommes se sont élevés par la révolution, à l'égal des premières familles de France.... Et nous, comme eux, élevés par les orages de la même révolution, et par les mêmes causes, nous resterions dans l'avilissement....... Cela n'est pas possible ».

Dites-vous aussi : « Bonaparte fut un despote perfide et cruel, qui n'employait guère en politique que des agens aussi immoraux et aussi perfides que lui, mieux eût valu combattre jusques dans nos derniers retranchemens, que de ne jamais faire aucun traité avec ce Corse qui ne respecta jamais ses promesses : mais Louis XVIII est un souverain légitime, le descendant de Saint-Louis et de Henry IV. Il n'emploie pour traiter avec nous que des hommes d'honneur, des hommes sans préjugés, peut-être des hommes qui, sous un autre gouvernement, ont défendu notre cause dans leurs écrits, ou leurs discours... Ils n'écouteront pas la voix d'hommes aveuglés par leurs préjugés ou aigris par leurs malheurs, ...Il est le père et l'arbitre commun de tous ses sujets... Prenons confiance en ce roi généreux, loyal, éclairé, il nous fera partager les droits de sujets et de citoyens français, ce qui certes, est préférable au sort d'être traité comme des sauvages malfaisans, ou traqués comme des nègres marrons ».

» Faites ces réflexions, ce monologue, Général; pénétrez-en les hommes raisonnables qui méritent votre confiance, et vous mériterez les marques les plus honorables de la satisfaction de votre souverain et la reconnaissance de votre patrie et des habitans d'Hayti, que nous ne pouvons cesser de considérer comme français.

» Vous avez trop d'esprit, la tête trop saine, Général, vous connaissez trop bien la France pour prendre ce langage pour celui de la faiblesse : la faiblesse menace; l'homme fort et puissant frappe et écrase, lorsque l'on méconnaît et que l'on dédaigne sa générosité.

Je suis, etc.

Signé DAUXION LAVAYSSE.

Pour copie conforme,

DAUXION LAVAYSSE.

Après, S. E. a lu au conseil le pamphlet d'un nommé H. Henry, imprimé à la Jamaïque, ayant pour titre : *Considérations offertes aux Habitans de Saint-Domingue, sur leur sort actuel et sur le sort présumé qui les attend.*

Ces lectures terminées, Sa Majesté a dit :

« Je laisse à la sagesse du Conseil général de la Nation, de prendre les mesures et les résolutions qu'il croira convenables pour le salut de notre pays.

» Le résultat de ses délibérations, toute fois qu'il ne compromettra point notre honneur et les intérêts du peuple haytien, sera la règle invariable de notre conduite ».

Sa Majesté s'est retirée aux mêmes acclamations de *Vive le Roi !*

Le conseil s'est alors constitué sous la présidence de S. A. S. M^r le prince du Limbé, ministre de la guerre et de la marine, de S. E. M^r le comte de la Taste, ministre des finances et de l'intérieur, vice-président, S. E. M. le comte d'Ennery, lieutenant général et M. le baron de Dessalines, major général, secrétaire général du département de la guerre, ont été nommés secrétaires.

Le Conseil général de la Nation, délibérant à l'unanimité, a décidé qu'il serait rédigé, séance tenante, une Adresse au Roi, pour voter des remercîmens à Sa Majesté, sur l'honneur qu'Elle lui a fait de mettre à sa délibération, les communications importantes qu'elle lui a donné, manifeste à Sa Majesté les sentimens qui animent le conseil et la résolution qu'elle a prise.

Après la rédaction, S. A. S. M^r le prince du Limbé, président, a annoncé au conseil que l'adresse était rédigée, que lecture en allait être donnée ; ce que S. E. M. le comte d'Ennery, secrétaire, s'est empressé de faire,

AU ROI,

SIRE,

« C'est en vain que l'on chercherait dans les annales des nations l'exemple d'une ouverture de paix entrepris sous de plus affreux auspices, et accompagné de circonstances aussi déshonorantes que celle entamée par le général français Dauxion Lavaysse, au nom et comme agent de Sa Majesté Louis XVIII.

» Les peuples, les souverains, les individus même en particulier, ont des droits qui sont respectés parmi les nations les plus barbares ; et il n'est point permis à qui que ce soit de les enfreindre ; mais si les hommes en général sont convenus de respecter ces droits, consacrés par l'usage et l'honnêteté publics, combien à plus forte raison, est-il odieux que l'envoyé d'un roi, d'un peuple éclairé, ait osé violer ouvertement ces droits sacrés ?

» Quoi ! les plus abominables des tyrans, quand ils ont voulu opprimer les peuples, en leur imposant le joug de la tyrannie, ont employé des moyens perfides et ont couvert de quelques prétextes spécieux leurs criminelles entreprises (parce qu'ils n'osaient violer ouvertement ces droits des peuples) ; mais l'envoyé du roi des français a tout violé impudemment ; il a fait la plus cruelle injure qu'il soit possible de faire à un peuple libre, en lui proposant cette abominable alternative d'opter entre l'esclavage et la mort. A qui ce vil Agent ose-t-il s'adresser pour manifester les intentions atroces de son gouvernement ? C'est à Votre Majesté, au vainqueur des français, au défenseur de la liberté et de l'indépendance ! A vous, SIRE, qui avez consacré votre vie entière au maintien et à la défense des droits indestructibles et éternels

D

de l'homme ! A votre Majesté qui a toujours eu pour règle de sa conduite
et de ses actions , l'honneur et la gloire du peuple haytien ! On ose vous
proposer de descendre d'un trône où vous avez été placé par l'amour et
la gratitude de vos concitoyens ! O comble d'audace et d'infamie ! On
ose soupçonner votre grande âme d'une insigne perfidie !... A qui ose-t-on
parler de *maître* et *d'esclave* ? A nous, à un peuple libre et indépendant; à
des guerriers couverts de nobles cicatrices gagnées au champ d'honneur ,
qui ont détruit jusques dans ses dernières racines l'arbre antique des
préjugés et de l'esclavage ; à ces guerriers qui dans mille combats ont
fait mordre la poussière à ces barbares colons dont les restes échappés
à notre juste vengeance , osent encore parler de rasseoir ici leur régime
abhorré que nous avons proscrit à jamais ! Non , jamais il n'existera
de maître ni d'esclave à Hayti !

» Votre Majesté se serait-elle attendue à un tel excès d'indignité
de la part d'un souverain que la renommée s'est plu à nous présenter
comme un roi sage , bon et vertueux , instruit à l'école de l'adversité ,
ennemi des préjugés illibéraux , enfin juste et humain ? Que la renommée
est mensongère , SIRE, s'il faut comparer les effets avec ce qu'elle
devance tant de fois? La première ouverture de paix, les premières paroles
de conciliation qui nous sont adressées au nom de ce prince , dont nous
nous étions formés une si grande idée , sont des insultes , des outrages
sanglans ; on ose proposer à des hommes libres depuis vingt cinq ans,
qui ont encore les armes à la main , de les déposer pour reprendre les
chaînes de l'ignominie et d'un barbare esclavage ! En nous insinuant
ces horreurs , on les couvre du prétexte spécieux de paroles de paix
et de réconciliation ! On enveloppe le poignard de la trahison et de la
perfidie sous le manteau honorable et séduisant des sentimens libéraux
de justice et d'humanité du monarque des français à notre égard ! Mais
soudain, ce vil agent, ce monstre antropophage changeant de langage ,
prenant le ton et le caractère atroce de son odieuse mission , nous menace
d'anéantir notre race, et de la substituer par une autre ! Quelle justice !
quelle libéralité ! quelle humanité !

» A cette dernière démarche des français, SIRE, tout ne nous démon-
tre-t-il pas que la cause des haytiens est séparée de celle des autres peuples?

En effet ! à quel peuple ! à quel souverain aurait-on osé proposer des conditions aussi viles que déshonorantes ? Ils nous méprisent, ils nous croyent stupides au point de supposer que nous sommes privés même de cet instinct, qu'ont les animaux pour leur propre conservation ; quel délire ! quel excès d'audace ! d'oser nous proposer de nous livrer aux français, de nous soumettre à leur odieuse domination ! Serait-ce pour les bienfaits que nous en avons reçu que nous reprendrions les chaînes de la servitude ? Serait-ce pour un souverain qui nous est tout à fait étranger, que nous ne connaissons pas, qui n'a jamais rien fait pour nous, au nom duquel on vient nous outrager que nous irions changer de maître ? Serait-ce enfin, pour être de nouveau livrés aux tortures et aux chiens à dévorer, que nous renoncerions au fruit de vingt-cinq ans de combats et de sang répandu ? Qu'avons-nous donc encore de commun avec ce peuple ? N'avons-nous pas brisé tous les liens qui pouvaient nous unir à lui ? Nous avons changé de nom, de vie, de mœurs, nous ne ressemblons en rien aux français ; à ce peuple qui n'a cessé de nous persécuter et que nous abhorrons. Pourquoi donc notre sort serait-il d'être condamné à gémir sous sa tyrannique oppression ?

» Ces barbares, ils osent nous mépriser ! Ils croyent que nous sommes indignes des bienfaits de la liberté et de l'indépendance ! Ils croyent que nous ne sommes pas susceptibles de ces sentimens sublimes, de ces élans généreux qui forment les héros et rendent les hommes maîtres de leurs destinées ; ils le croyent, mais ils se trompent ! qu'ils connaissent bien peu la magnanimité, l'énergie et le courage de ce peuple qu'ils osent outrager ! Nous voulons être libres et indépendans, et nous le serons en dépit des tyrans !

» Ah ! Si jamais notre cause est séparée de celle des autres peuples, si l'on se croit en droit de nous menacer, de nous insulter, de nous rayer du nombre des vivans ; si l'injustice prévaut sur l'équité dans ce siècle de lumières ; si nos tyrans enfin parvenaient à triompher de nous, du moins que la gloire du peuple haytien n'ait rien qui puisse l'égaler dans les annales des nations ! Oui, nous y souscrivons, plutôt que de renoncer à la liberté et à l'indépendance, que notre race entière soye exterminée ! Nous y souscrivons ; mais avant que le français puisse asseoir ici sa puissance, qu'Hayti devienne un vaste désert, que nos villes, nos manufactures, nos maisons, soyent la proie des flammes; que chacun de nous multiplie ses forces, redouble son énergie et son courage, en immolant dans notre juste fureur, des milliers de ces tigres altérés de notre sang. Qu'Hayti ne représente qu'un monceau de ruines, que les regards effrayés ne rencontrent que l'aspect de la mort, de la destruction et de la vengeance! Que la postérité dise, en voyant ces débris : *Ici il existait un peuple libre et généreux, des tyrans ont voulu lui ravir sa liberté, il a préféré cesser d'exister!* ... La postérité applaudira à cet acte de magnanimité. Hé ! quel est le mortel assez peu généreux qui nous refuserait son admiration, son estime et ses vœux ?

Dans les guerres politiques, entre états policés, les armées combattent et les peuples vivent en paix ; mais dans une guerre d'extermination, comme celle dont on ose nous menacer, lorsqu'il s'agit de défendre ses foyers, les tombeaux de ses pères, sa liberté et son indépendance. Que dis-je ? son existence, celle de ses femmes et de ses enfans; la guerre est d'homme à homme ; les femmes, les adolescens sont en guerre ; tout est en armes ; tout le mal que nous pourrons faire à notre ennemi est un devoir sacré ; tous les moyens de destruction nous seront légitimes ; nous ferons revivre ces exemples terribles de l'exaspération des peuples qui ont épouvanté la terre ! . . . . La postérité en frémira d'horreur ; mais loin de nous blâmer, elle ne les imputera qu'à la perversité du siècle, aux tyrans et à la nécessité ! . . . . Mais non, cela ne sera pas, cela est impossible ! Hayti est invincible, et la justice de sa cause la fera triompher de tous les obstacles ! Non, jamais cette exécrable entreprise aura lieu, il y va de l'honneur, de la gloire des souverains et des peuples de l'Europe ; et la Grande-Bretagne, *cette libératrice du monde*, empêchera une pareille abomination !

SIRE, l'insulte faite au peuple haytien et à son souverain, l'outrage particulier fait à l'auguste personne de Votre Majesté, réjaillit sur nous individuellement et sur la nation entière ; dans notre juste indignation, s'il nous était possible, la vengeance eût égalé l'offense.

Le

Le Conseil pénétré des grandes choses que Votre Majesté a faites pour le bonheur et la gloire du peuple haytien, a l'honneur de présenter à Votre Majesté, au nom de ce peuple brave et généreux, sa résolution de vivre libre et indépendant ou mourir, et de témoigner ses sentimens de dévouement, de fidélité et de reconnaissance à l'auguste personne de Votre Majesté et de la Famille royale; vingt-cinq ans d'expérience et de services rendus au peuple haytien, sont les sûrs garans que le bonheur et la félicité de Votre Majesté sont intimement liés au salut de tous. Notre premier mouvement est donc de crier *aux armes*, et le second de porter nos regards sur Votre Majesté à qui le peuple a confié sa destinée; nous vous offrons unanimement, SIRE, nos armes, nos vies, nos biens, pour le service de Votre Majesté, de notre patrie, de notre liberté et de notre indépendance; et nous renouvellons au pied de votre trône, ce serment sacré: *Obéissance aux Constitutions du Royaume et fidélité au Roi!*

Le conseil a accueilli cette adresse aux acclamations de *Vive le Roi! Vive la Liberté! Indépendance ou la Mort!* A l'instant tous les membres se sont empressés de se porter au bureau pour y apposer leurs signatures.

SIGNÉS Leurs Altesses Royales, prince Noele, prince Jean. Son Altesse Sérénissime, prince de Saint-Marc. Leurs Grâces, duc de l'Anse, duc de Fort-Royal, duc de l'Artibonite, duc de l'Avancé, duc de la Marmelade, duc du Dondon. Leurs Excellences les comtes, de Vallière, d'Ouanaminthe, de Laxavon, de Cahos, de Limonade, du Trou, de Saint-Louis, du Terrier-Rouge, du Gros-Morne, de Léogane, de Richeplaine, de Terre-Neuve, de Thilorier, de Mont-Rouis. Les maréchaux de camps, de Barthélémy Choisy, de Jean Joseph, de L. Frégis, de Faraud, de Déville, de Chevallier, de Raymond, de Joseph Jérome. Les barons, de Thabares, de Henry Proix, de Sicard, de Dossou, de Ferrier, de Bastien Fabien, de Cadet Antoine, de P. Poux, de C. Cap, de Bottex, de Léo, de Montpoint, de Dupuy, de Béliard, de Stanislas Latortue, de Joseph Latortue, de P. A. Charrier, de J. B. Petit, de Delon, de Vastey, de J. Dessalines, de Lucas. Les chevaliers, de Lacroix, de Blaise, de C. Leconte, de C. Pétigny, de Dézormes, de Prézeau, de Dupin. Les colonels, de David, de Diacoué, de Prophile, de Laurent Désir, de Dagobert, de P. Apollon, de P. François, d'André Lejeune, Vincent Louis, de Grandmaison;

B

de Hoban , Ignace , de J. L. Louis , P. Paul Colin , de P. Apollon , de Désobly, de R. Semblé , de T. Gabriel , de J. P. J. Baptiste , de Fidéle , de Samson , de J. Césaire, de S. L. Alexandre, de Frontis, Lubin , de Villarceaux ; L. Poux , Jannitte , Daniel Carré.

Les lieutenans colonels, d'Antoine Paul , Bien-aimé Guillaume ; Lubin , C. Augustin, Leonel , de Jumeau , Christophe , de P. Hardy , Titus , de Fidéle François, de Prophète, de Ste Fléur , de Marc fils , de Nord Alexis , de Belair , Prophète Augustin ; Isidore , de César Mineur , de Manuel , d'Etienne Bazile , de Guillemote , G. Lafricain , Ulysse ; Ambroise Henry , Janite , de Corasmin , Catabois , Joseph Bion , E. Guillaume , Crepin ; de L. Paul , Félix , Bardette , J. B. Gabriel , de Michaux , Georges François , C. Duhard, Dossou , Chevrau Lapointe , Antoine Douet , Monrose , Bernard , François , de Gourgues, Maret , de Titon , Célestin , Joachim , Sévère , Boreaux , Julien Pierre , Thoby , Philipe , Bigaille , de Damis , de Paul , d'Azor Elisé , de Vincent , Pérotte , de Colas , A. Faraud, M. Lafleur , L. Voltaire , d'Adonis , Eustache , de Paul , de Janvier , d'Etienne , Denis , René , de Janite , Abrican , Felix , J. P. Colin , de Bernard , Dauphin , de Silvain Pierre, Jean-Louis , de Georges , de Pierre , de Jacquet , de P. Philippe , de Jacques , de Noel, Eugène , de P. Charles , d'Honoré André , de J. F. Champain , de Baine , Mouscardy.

Les officiers de l'administration, G. Démangles , Diaquoy , Achille , Ménard , Darmey, Auguste jeune , T. Guérinet , N. Gaulard , Brévoltaire , Gallo Birame , Dufresne , C. Warloppe.

Les conseillers , B. Lemoine , Hector , Mancelle , Guisot , Aurignac , Dubois , Jonka , Filiatre , Sommereux , Bayron , Heuraux aîné , P. Martin , Sangosse , V. Domégé, P. Joseph , Ulysse , J. Blain , Pierre Louis , Sanon Déraque , Penet , Vilton.

Les lieutenans de juges , Jacques Lallemand , Corasmin , A. Tollo , Eustache Aramy, Mardy , J. Déville , J. P. Jeanot , J. Grégoire , J. B. Dessalines , Robert , Grandjean, J. F. Danfour , Marc père , Guillaume Joseph , J. P. Antoine , Thomas Pierre , T. Gilbert, Pasteur Brisson , Paul Rousseau , Jean Remy , J. Gaulard , Michel Bessé , Louis Pierre, Christophe Baptiste , Joseph , Amadis , J. B. Tony , Jean Lavigne : *Suive un grand nombre de signatures.*

S. E. M^r le comte de la Taste , vice-président , proposa de nommer une députation pour apporter aux pieds du Roi , notre très - auguste et très-grâcieux Souverain , l'adresse et la résolution du conseil.

S. A. S. M^r le prince de Saint-Marc , Sa Grâce M^r le duc de la Marmelade , S. E. M. le comte d'Ennery , furent chargés de ce message.

La députation de retour , S. A. S. M^r le prince de Saint-Marc annonça au conseil que Sa Majesté avait accueilli favorablement l'adresse , et qu'elle allait se rendre en personne au conseil , pour lui manifester , de vive voix , ses sentimens.

S. E. M. le comte de Saint-Louis, maître de cérémonies, annonce au conseil l'arrivée de Sa Majesté; tous les membres se lèvent.

Sa Majesté debout, sur son trône, a dit :

« HAYTIENS !

» Vos sentimens, votre généreuse résolution, sont dignes de Nous; votre Roi sera toujours digne de Vous !

» Notre indignation est à son comble ! qu'Hayti, dès cet instant, ne soit qu'un vaste camp; préparons-nous à combattre ces tyrans, qui nous menacent de fers, de l'esclavage et la mort.

» Haytiens ! l'univers entier a les yeux fixés sur nous; notre conduite doit confondre nos détracteurs et justifier l'opinion que les philantropes conçoivent de nous. Rallions-nous, n'ayons qu'un seul et même vœu, celui d'exterminer nos tyrans; du concours unanime de notre union, de nos efforts, dépendra le prompt succès de notre cause. Donnons à la postérité un grand acte de courage; combattons avec gloire; soyons effacés du rang des peuples, plutôt que de renoncer à la liberté et à l'indépendance. Roi ! nous saurons vivre et mourir en Roi; vous nous verrez toujours à votre tête, partager vos périls et vos dangers. S'il arrivait que nous cessassions d'être, avant d'avoir consolidé vos droits, ressouvenez-vous de nos actions; et si nos tyrans parvenaient à mettre en danger votre liberté et votre indépendance; exhumez mes os, ils vous guideront encore à la victoire, et vous feront triompher de nos implacables et éternels ennemis »,

Les cris mille fois répétés de *Vive le Roi ! Vive le Prince Royal ! Vive l'Indépendance ! Liberté ou la Mort ! Guerre à mort aux Tyrans !* ont retenti dans l'enceinte de la salle, et ont été répétés dans les avenues du conseil, par le concours du peuple et des troupes.

Sa Majesté, vivement émue, s'est retirée; le Conseil l'a accompagné dans son palais au cris de *Vive Henry ! Vive l'Indépendance ! Vive le Défenseur de la Liberté !*

La séance a été levée à trois heures de l'après-midi, et renvoyée au lendemain à sept heures.

Le vingt-deuxième jour du mois d'Octobre, des années susdites, à sept heures du matin.

Les membres du conseil réunis,

La séance a été ouverte aux acclamations de *Vive le Roi !*

S. E. M. le comte d'Ennery donna lecture du procès verbal de la séance du jour d'hier, dont la rédaction a été unanimement approuvée par le conseil.

S. A. S. M^r le prince de Saint-Marc a demandé que lecture soit donnée au Conseil des différens paragraphes de l'Ouvrage de M. Malouet, ministre de S. M. Louis XVIII, concernant les vues de ce ministre sur le peuple haytien, étant convaincu que ledit Malouet poursuit maintenant l'exécution du plan qu'il avait alors proposé. Cette demande ayant été accueillie, S. E. M. le comte d'Ennery a donné lecture des différens paragraphes dont s'agit, lesquels sont consignés dans le *IVe Volume des Collections de Mémoires sur les Colonies, et particulièrement sur Saint-Domingue,* publié en l'an X, répondant à 1802.

Pendant cette lecture, des mouvemens d'indignation se sont faits remarquer dans l'assemblée.

S. E. M. le comte de Richeplaine a demandé que le procès verbal des séances du Conseil général de la Nation, l'adresse et la résolution prise, soient rendus publics par la voie de l'impression. Cette demande a été adoptée.

Le président a levé la séance aux acclamations de *Vive le Roi ! Vive la Liberté ! Vive l'Indépendance !*

Fait et passé en conseil, les jours, mois et an que dessus.

Prince DU LIMBÉ, président.

Comte DE LA TASTE, vice-président.

Comte d'ENNERY et baron de DESSALINES, secrétaires.

Au Cap-Henry, chez P. Roux, imprimeur du Roi.